그대 뒷모습은 항상 그립다

창작동네 시인선 151

그대 뒷모습은 항상 그립다

인   쇄 : 초판인쇄 2022년 08월25일
지은이 : 조은주
펴낸이 : 윤기영
편집장 : 정설연
디자인 : 정설연
펴낸곳 : 노트북 출판사
등   록 : 제 305-2012-000048호
본   사 : 서울시 동대문구 사가정로 256-4호 나동B101
전   화 : 070-8887-8233 팩시밀리 02-844-5756
H   P : 010-8263-8233
이메일 : hdpoem55@hanmail.net
판   형 : 신한국판형 P128_130-210

2022.08_그대 뒷모습은 항상 그립다_조은주 두 번째 시집

정 가 : 10.000원

ISBN : 979-11-88856-51-0-03810

*저자와의 협의로 인지는 생략합니다.
*잘못된 책은 교환해 드립니다.

그대 뒷모습은 항상 그립다

낭송 정설연

QR코드 스캔으로 영상시 감상하기

목 차

1부. 그대 뒷모습은 항상 그립다

008...그대 뒷모습은 항상 그립다
009...울지마라 갈대야
010...어쩌다가
011...이젠 알 것 같아
012...샛별 옆에
013...쓰다듬은 그리움
014...그대 눈빛
015...떠나는 노을아
016...말라버린 눈물샘
017...기별
018...봄 같은 여인
019...봄 노을
020...부르고 싶은 님
021...벌써 봄이 오려나
022...설아 설아
023...눈을 떠보니-중복-
024...나를 그대에게 보낸다·1
025...비에 젖은 창
026...보내고 싶은 그리움
027...인생은 빈집이려네
028...봄 마중-동시-
029...그곳에 가면
030...도박꾼의 아내
032...사랑새
033...숨어 우는 새
034...입술
035...향으로 보낸 편지

2부. 황홀한 연가

038...황홀한 연가
039...유성 그리고 샛별에게
040...연리지
041...빗방울 흔적
042...눈이 된 당신
043...사랑빛 갈증(渴症)
044...노을 잔
045...바라만 볼 겁니까
046...난 눈물
047...강 바람에 실려
048...이대로
049...홀로였다는 말에
050...조용히 다가오세요
051...잔소리
052...정녕 그댑니까
053...음성
054...댓잎 바람아
055...기대고 싶은데
056...이렇게 울어야 하나
057...어쩌다 그댈 사랑했을까
058...기다림은 그립네
059...나그네 향기
060...아들아 아들아
061...그 오솔길
062...가슴으로 쓴 편지
063...응어리 파도

3부. 이대로 사랑할 수밖에 없는 사람

066...이대로 사랑할 수밖에 없는 사람
067...눈물의 화두
068...가슴속 그리움
069...아픔 줄이려면
070...바다가 그리울 때
071...그냥 간직하세요
072...뿌리친 그리움
073...상고대
074...비 너를 만지다
075...구절초의 넋
076...주고도 아련한 사랑
077...마음만 주세요
078...봄 같은 여인
079...눈을 떠보니
080...나도 눈물 흘린 적 있었다
081...노을 머금은 샛강
082...추억 속 그리움
083...그대 오시는 길
084...겨울 강
085...흙으로 돌아간 님
086...만나면 울 것 같아요
087...삭풍의 넋
088...너였기에
089...비바람이 내게로
090...몸부림치는 꽃잎
091...눈물 방울속 그대
092...잊어야 할 고독
093...그대 보이시나요
094...기쁨의 눈물은 달콤해요
095...하얀 아침 향기

4부. 흐린 가을날에

098...흐린 가을날에
099...어쩌란 말입니까
100...철새들 사랑
101...걷다 보면
102...차라리 가지 말걸
103...이젠 알 것 같아
104...그럴 때도 있지요
105...마음만 주세요
106...흔들리는 겨울
107...길손·2
108...서리꽃의 혼
109...시월의 바람
110...세월이 나에게
111...비와 님의 흔적
112...국화향기 머금고
113...어쩌리오
114...겨울 향기
115...있기에
116...눈물의 뒤안길
117...텃밭을 지나며
118...아침에 찾아온 낙엽
119...마지막 잎새가 남으면
120...바람꽃
121...별을 머금은 가을
122...애랑의 끝자락
123...붉은 그리움
124...낙화여
125...첫눈·1
126...붉으면 다 더이까
127...춤추는 눈아

1부. 그대 뒷모습은 항상 그립다

내 마음은
언제나 그대 등 뒤에
흐르는 아련한 그림자

낙엽 지고
초겨울 바람이 스쳐 가는
어둠이 내린 작은 신작로

      그대 뒷모습은 항상 그립다 중

그대 뒷모습은 항상 그립다

외면하려 해도
또렷이 보이는 그대 뒷모습
앞서거니 뒤서거니 하지만

내 마음은
언제나 그대 등 뒤에
흐르는 아련한 그림자

낙엽 지고
초겨울 바람이 스쳐 가는
어둠이 내린 작은 신작로

사랑하면서도
늘 그리운 애틋한 사랑은
가슴속 시를 쓰라 하네

서서히 날은 추워지고
마음속 애달파하는
그 사랑 더욱더 깊으리.

울지마라 갈대야

흰 수염 너털웃음
하얀 미소의 향기

하루라기 끝닿은 곳
가을 무지개 따라
한들거리다 온몸 흩날림

마지막 남은
기다란 가지 끝에
눈물 흔적 주고 간 사랑

울지 마라
울지 마라 갈대야
하얀 털 수염
바람결에 흩날리면

바라보는
가련한 눈물
시인은 어쩌란 말인가

너의 하얀 수염
이 밤 차디찬 달빛에
어루만지다 끝내
나도 눈물 흘리는 누나.

조은주

어쩌다가

어쩌다가
어찌하다가
세월과 인연이 되었나

그대는 가만히 있는데
우리네는 나이 들고
잔주름 서서히 굵어지는

세월은
말없이 흐르는 강물 되고
우리네는 그저 삶에 부대끼며

그대 세월을
잊고 살아가는 무지(無知)
그 틈으로
고뇌와 번뇌에 흘린 현실

세월이여
그저 숫자라 말하지 말고
그냥 있는 듯 없는 듯
살아가자 이다.

이젠 알 것 같아

잡으려면 도망가고
놓아버리면 달라붙는
고약한 사랑 병

떠나는 마지막 봄비
하염없이 지면에 떨어져
흐려있는 내 마음
때리고만 있는데

밤새워 청해 보지만
오라는 잠은 오질 않고
애매한 베갯잇만 비튼다

어김없이 창밖은
여명이 어둠을 가르고
간간이 이름 모를 새소리만
나의 창을 두드리네.

조은주

샛별 옆에

집으로 오는 길
저녁노을 떠나고
땅거미 발아래 묻힐 때

저 하늘
홀로 떠 있는 별 하나
샛별(금성)이라 하더이까

그 옆에
별 하나 바라보는
실눈 뜬 초승달

여인의 아미처럼
왠지 처량한 실눈이
내 가슴속 그리움으로 다가오네.

쓰다듬은 그리움

굴레
마음속 글에
쓰다듬다 쓰다듬다
끝내 흘린 그리움 한 조각

어찌
그대 그리움은
나를 놓아주지 않는지

뿌리쳐도
손톱으로 할퀴어도
이끼처럼 달라붙은 그리움

끝내
내 사랑이라는 걸 알고
어루만지는 그리움….

조은주

그대 눈빛

가슴속 응어리져도
그대 눈빛만 보면
왜 이리도 포근한지

그게 사랑이라는 걸
알면서도
눈빛 사랑이라는 걸
알면서도

언제나 촉촉이 젖어
그리움에 내몰린 가슴
하루라기 바람 사랑

그대 눈빛은
내 영혼 속 꿈
그리움의 길손 이리오.

떠나는 노을아

영마루 언덕 넘어
홀연히 붉은빛 내리며
그대 떠나는 서녘에

샛바람
강바람에 홀로
떠나는 두견새의 애련처럼

떠나는 노을아
땅거미 지기 전에
산 넘어 빨리 가려무나

어둠길
님의 눈물 흘리면
너도 울고 나도 운단다

노을빛 그리움이
내 가슴에 담겼으니
그저 눈물 훔치며 떠나려무나.

조은주

말라버린 눈물샘

울다 울다
끝내 지쳐버린 사랑

누구를 원망할 틈도 없이
흐르는 눈물

돌아누운 침대 모서리엔
눈물 얼룩진 베갯잇 흔적
말라버린 눈물샘

한없이 울며
지난 추억 떠나는
길손 손에 쥐여주고 싶은데

어찌 이리도 마음은
어지럽습니까

누구나 울고 싶을 때가 있지만
왜 이리도 나를 힘들게 하는지

말라버린 눈물샘에게 물어봅니다
더 흘릴 수 있는지를….

기별

오신다는 기별
기다림에 목놓은 사랑

딱히
할 말은 없지만
그래도
조금은 보고 싶었어요

빈손으로 안 오실 그대
바라는 건 아니지만
그래도 내심 마음 설렘

꽃비
꽃망울
몽롱한 꽃향기

그대 봄님이
귀한 선물
가지고 오겠지요.

조은주

봄 같은 여인

잔잔한 아지랑이
들길 넘나드는 그리움
눈물 감추지 못한 여인

짙은 향수보다
은은한 비누 향 같은
그런 여인이 되고 싶어요

가슴 깊이 새긴
꿈결같이 살고 싶은
연정 속에 그대만 바라보는

한 줌 바람도
꽃잎 속에 살포시 잠든
이름 모를 생명을 사랑하는
그런 여인이 되고 싶어요

한 편의 시를 쓰면서
누군가 그리워하며
보고픔 속에 살아가는
봄 같은 여인이 되고 싶어요.

봄 노을

서로 피려 아우성치다
끝내 봄바람에 떨구어진 꽃잎들

세월도 그렇게 흐르고
그리움도 사무치는데
그대가 왜 이리 보고픈지요

사랑 눈물 다 토해내도
왠지 모를 아쉬움
어찌 우리 사랑은
이리도 애절한지요

봄 노을
빼꼼히 쳐다보는 저녁 창가엔
말없이 스쳐 가는 떨어진 꽃잎 하나

어찌 그리도 애 닮은 지
모두가 그리움에서 오는
사랑앓이겠지요.

조은주

부르고 싶은 님

자존심이 강한 여자
하지만 그대한테는
왜 그리 작은 마음인지

그대에게 빚진 것 없고
애절히 사랑하는 것도 아닌데
떠나도 잡을 수 없었던 기억

내 곁에 찾아와도
뿌리칠 수 없는 인연
그대가 온다기에
왠지 가슴 뛰는 기다림

내 자존심으로
언제 오냐 말할 순 없지만
내심 기다리는 심정

홀로 이불 덮어쓰고 불러보네
그리운 그대 봄이여 언제 오시나요.

벌써 봄이 오려나

앙상한 뜨락
빼꼼히 내민
게슴츠레한 어린 싹이
숨어 웅크리고 있네

아직 봄은
오려고 준비도 안 했는데
땅속 새싹은 실눈 뜨고

겨울바람 눈치 보며
살며시 내게 속삭이네
한 서린 겨울
떠나지 않느냐고

나도 어쩔 수 없어
안타까운 마음으로
낡은 옷 툴툴 털어
덮어 주었네

아마도
화창한 봄이 오면
고운 꽃피우겠지
내 그리움의 향기처럼….

조은주

설아 설아

설빔 갈아입고
님 마중 가자꾸나

바리바리 싸서
정월 맞이하려니

있는 것 없는 것
모두 모아 님 추억 담아
한해 소원 빌어 보자꾸나

산적 맛나게 굽고
가래떡 넉넉히 끓여
우리 모두 태평성대 빌고 빌어

자식 앞길
사랑하는 님 길
새해 모두의 길이 근심 없는
그런 날을 맞이 하자구나

설아, 설아
추억 깊은 설아
왜 이리도 그대가 다가오는데
그립기만 하는지….

눈을 떠보니
-중복-

고요한 아침
그대 살포시 감싸 안은 사랑
따뜻한 등 허리 쓰다듬다

끝내 마음속 눈물 머금은 미련
봄비 몰래 와 촉촉한 대지의 머금처럼
눈을 떠 보니
님은 꽃이 되고 바람이 되었나이다

이별이라는 운명처럼
떠나는 그대 눈가엔
봄비가 내리고
영혼의 안달은 끝내 고개 떨군 사랑

쓰디쓴 커피잔에 떨군 미련은
가슴속 추억되어 흐느끼고
눈을 떠 보니 고운 그대 향기
입가에 머금으리….

조은주

나를 그대에게 보낸다·1

꽃바람 가슴에 밀려오고
아스라이 스치는
그대 그리움은
봄 떠난 바람의
흔적으로 남고

그리움에 내몰린
육신의 그림자는
그대 향한 애달픔으로 가득 차네

말없이
그대 향한 그리움은
온전히 남아있는 사랑이라는 마음

나를 그대에게 보내고
그대에게 받았다는
연락이 올 때까지
그리움을 내려놓지 않을래요

무소식이 희소식이라 해도
그냥 말없이 기다리고 살며
가슴속 숨겨둔 추억 더듬고 살래요.

비에 젖은 창

이건 필시 봄비로 세
누가 뭐라 해도 봄비 이리

아니면 비가 아닌
눈이 왔어야 되는데

아무리
온난화 현상이라 하지만
그래도 겨울은 겨울 이리

길거리 나가보니
싸매고 두르고
빼꼼히 눈뜬 겨울 잔상들

비에 젖은 창
서리처럼 붙어야 하는데

말없이 흘러내린 건
이건 봄이 왔다는 거겠지.

조은주

보내고 싶은 그리움

가슴에 묻어두어도
시시때때로 나를 울리는
그리움이라는 그대

밤새 내 영혼과
함께 나눈 밀어 속
그대 그리움을 보내야 했지요

어쩔 수 없는 사랑
깊은 인연의 골짜기에
움츠림으로 그리움 묻어두고

하얀 눈 뒤덮여 흐르는
눈물 같은 그대 사랑의 흔적

그리움과 함께 이 겨울
조용히 보내 드리고 싶어요.

인생은 빈집이려네

머물다
그렇게 머물다 가려 하지만
세월은 우리네 생을
가만두지 않는 거라네

불러도, 불러도
대답 없는 세월처럼

그렇게 덩그렇게
빈집만이 나앉아

집 바퀴만이
처마 끝을 지키고서
노을이 그리움만
어루만지고 있더이다

세월아 한 많은 세월아
천지를 손안에 휘감던
영혼은 간데없고

하얀 구름 떠안은
그대 흔적의 푯말만
구름처럼 떠돕니다.

조은주

봄 마중
-동시-

아장아장
한발 두발
봄 마중 가자꾸나

동구 밖 길모퉁이
춘풍 불어와도
아직은 미련 남아
설한 꼬랑지 곁눈질하고

양지바른 돌담 밑
이름 모를 새싹들
얼굴 내밀며 키 재기하네

물오른
가지 끝 꽃봉오리
소녀의 가슴처럼
봉긋이 부풀어
수줍게 고개 내밀고

옆 개울물 너무 빠르다며
유리거울 속에서
잠잠히 흐르고만 있네….

그곳에 가면

그곳
그대가 있는 그곳

그곳에 가면
사랑이 있고
아름다운 시(詩)가 있더이다

그대 향기에
눈멀고 귀 멀어도
그래도 행복한 사랑

그대 곱디고운
눈가에 흐르는 미소는
내 마음 애간장 녹이고

꿈결 같은
사랑으로 나를 안으리

그곳 누구나 그리워하는
님의 목소리 아련한
그곳에 영원히 내 사랑을 심으리….

조은주

도박꾼의 아내

엄마!!!~~부르며
조용히 흐느끼는
친구의 애절한 절규

밤새 가슴 조이며
임종을 지키던 친구 어머니
더 이상 견뎌내시질 못하고
어린 자식들 눈에 넣으시며
세상과 이별하고 마셨지

낮은 돌담 너머로
흐느끼며 울부짖는
친구의 한 서린 울음은
끝내 나도 따라 울었네

하루가 멀다 하고
도박판을 헤매는 친구 아비는
가산 탕진하고 하다못해
아내를 밤낮으로 매를 대고

견디다 못한 친구 어머니
담을 넘어 우리 집으로
피신하시기 일쑤였지

지켜보던 울 어머니
그저 손잡으시며
등을 토닥여 보지만
서러움만 더 밀려와
엄마 품에 얼굴 묻고
흐느끼기만 하시는데

혹독한 매질을 견디지 못해
온몸 피멍으로 얼룩진 육신은
끝내 수의에 감춰져 상여에 오르니
온 동네 초상집 되었구나

저세상에선
매 맞지 마시고
영원히 안식하시길….

(고단하고 애달픈 삶을 살다 가신
친구 어머니 난 이제야 억울한 세상
살다 가신 친구 어머니께
뒤늦게나마 고인이신 그분의
명복을 빌어 드립니다)

조은주

사랑새

어느 날
내 허락도 없이 찾아온
파리한 사랑 새 한 마리

힘없이 푸덕이다
내 품에 안겨 울던 새

삶의 깃털 잃고
눈가에 흘린 사랑 찾아
다가온 그대 가녀린 눈물이여

가슴에 품고
함께 울다 지쳐
밤새 어루만지던 그리움

새야 새야
내 사랑 새야
내 영혼의 온기 느끼거든

그냥 말없이
내 곁에 있어 주려무나….

숨어 우는 새

숨어 우는 그리움
인연이 있었기에
가슴앓이 애달픔 되고

인연은
바라보는 별빛이 아니라
스치는 바람 속 흐르는 눈물

잔잔히 흐느끼는
숨어 우는 저 새
갈댓잎 사이로
몸뚱이 숨긴 채

그리움에 지쳐
보고 싶음에 몸 떨고
목놓아 흐느껴 우는
이름 모를 새 이리….

조은주

입술

그대 입술엔
생명이 있습니다

모든 삶을 아름답게
표현하는 아름다운 음성

그 입술에서
나오는 그 음성은
영혼을 울리는
소리였습니다

간혹 입술에서 나오는
한마디 음성으로
상처받고 고통받는 삶

그대 입술은
육신의 고통과
영혼의 고통을
치유하는 아름다움

그대 입술에
나오는 한마디가
세상의 빛이 됩니다.

향으로 보낸 편지

세월은 흘러
이맘때 늘 윤회하며
돌아오는 사색의 계절

아련한 고향산천
가느다란 소롯길 넘어
내 부모님 조용히 묻힌 곳

풀벌레
찌르르 거리던 언덕배기는
고속 길 터느라 다 깎아 버리고

고무신 접어 물 위에 띄워 놀던
코흘리개 단발머리 그 꼬맹이는
어디서 무얼 하며 살고 있는지

잊지 못할 내 고향이
노란색으로 탈바꿈할 즈음이면
소롯이 떠 오르는 건
무슨 까닭일까요.

조은주

2부. 황홀한 연가

진정 사랑한다면
그저 멀리서 바라만 보면
그것도 사랑이랍니다

사랑의 노래
부르다 끝내 흘린 눈물
내겐 황홀한 연가이였지요

        황홀의 연가 중

황홀한 연가

오금 저리니
나를 사랑한다면
그대 다가오면 안 돼요

진정 사랑한다면
그저 멀리서 바라만 보면
그것도 사랑이랍니다

사랑의 노래
부르다 끝내 흘린 눈물
내겐 황홀한 연가이었지요

나도 그댈
사랑하고 있지만
오랫동안 사랑하기 위해
너무 가까이 다가오지 말아요.

유성 그리고 샛별에게

유성이라 했나요
밤하늘 비껴간 별 무리 흔적
그대 가슴에 큐피드 화살 되고

아스라이
떨구는 가슴속 눈물은
꽃물 되어 흐르는데

어찌 그대는 홀로 뒤척이다
잠 못 이루는 사랑앓이 되나요

서로의 마음속에
이미 그리움 간직하고
마음속 연못에 곱게 내려놓은

애타는 별들의 그림자
하나둘 사라지는 새벽녘엔
그리움의 마음 이슬 된 사랑

홀로 불러본 그대 이름
마지막 남은 샛별에
우리 사랑은 언제까지
그리움으로 남아야 되는지를….

조은주

연리지

생김도 다르고
태어남도 다른데
어찌 한 몸 되었나

만고강산
넓은 땅에
그대와 인연이 되어

한 몸으로 살아가는
우리는 연리지 맞지요

연리지 사랑이라고….

빗방울 흔적

떨구다
떨구다
끝내 분산되어

어디로 사라지는지
모르는 방울 흔적
창가 사이로 흩어진
그리움 같은 방울

그 빗방울은
끝내 그리움 안고 떠나네

좁쌀 같은 방울
창가에 맺힘은
그대 보고 싶음의 수만큼
아련히 맺혀있네

비 그치면
봄은 꽃비 되어 떠나고
그리움은 그대 향한
보고픔 되리….

조은주

눈이 된 당신

보고 파도
너무 보고파
그저 흘린 하얀 눈물

잊었다 해도
가슴에 남은 쓰라린 추억

행여 찾아올 줄 몰라
창을 열고 바라본 하얀 하늘

그대는 오지 않고
쌓이는 건 그리움 같은 하얀 눈

그게 당신입니까
하얀 눈이….

사랑빛 갈증(渴症)

그랬지요
세월 흘러 보니
많은 것을 느끼듯

누구나 깊은
그리움과 사랑을
간절히 느낀다면

그건 진정한
아름다운 사랑 빛
갈증입니다

때론 눈물로
때론 그리움으로 함께하며
이별도 하는 사랑

우린 그렇게
살아가며 눈물詩
그리움의 詩를 쓰지요
간절한 마음으로….

조은주

노을 잔

담다 담다
끝내 넘쳐버린
눈물의 노을 잔

그립다 몸부림치며
흘려버린 붉은 눈물 잔

홀로 떠돌다
지친 나그네 되는
원앙 한 마리

붉은 호수
담아도 설음 북받쳐
흘린 노을 잔

꼭 이맘때면
홀로 바라보는 서녘은

마지막 남은 노을 잔에
붉은 눈물 흘리리….

바라만 볼 겁니까

가슴속
홀로 애태우며
눈물 흘리렵니까

그대 빈 마음으로
조용히 다가오면
내 사랑이 기다릴 텐데

가까이하고 싶어도
그대는 마음의 창을 닫고
괴로워만 하시나요.

조은주

난 눈물

그대가
바람이라면
난 눈물이었네

바람은
어디서 불어올지 모르리
동풍인지 서풍인지

변함없이
이 자리에 앉아 있는 난
고스란히 피할 수도 없이
두들겨 맡고 있는데

때리면 때리는 대로
세찬 비바람 온몸 강타해도
꼼짝없이 맞아야 하는 나는

너무나 아파서 울고만 있는데
어서 지나가 버려라 비바람아….

강바람에 실려

바람에
그 바람에 실려
물기 머금고 다가온 사랑

강바람은
그렇게 내 가슴에
촉촉이 다가오더이다

어디서부터
어디까지 가는지
아무도 모르는 숨긴 그리움

어느 곳에서
쉼을 찾겠지만
그래도 강바람은 우리네 꿈이리….

조은주

이대로

미워했다 하더라도
인연의 끝이 아니기에
그대를 사랑하더이다

운명이라는
서로의 굴레 속에
사랑할 수밖에 없는 사람

차라리
이별보다 인연의
손길로 서로를 위하는 사랑

그게 운명이라면
내 그리움을 조용히 드리리
마지막 남은 사랑까지도

이대로
사랑할 수밖에 없는
그대 그리운 사람이라면….

홀로였다는 말에

그대가 홀로였다는 말에
밤새 잠 못 이루고 그리워한 사랑

그 사랑받아 주실지
마음속 애태운 밤
어찌 이리도 잠 못 이루는지

보고 싶어서
아무리 불러보지만
그댄 어찌 된 영문인지 대답 없고

홀로 애태운 이 밤은
길기만 한데 내게 손 내민
별 그림자는 아무런 말 없이 눈만 깜빡이네

그대의 깊은 사랑에
그나마 위로의 한숨 삼키는데
어찌 밤은 나를 애타게 만드는지….

조은주

조용히 다가오세요

너무 요란하지 말고
그렇다고
처진 어깨 떨구지도 말고
그저 편하게
조용히 다가오세요

사랑은 보이지 않고
만질 수도 없지만
영혼으로는 알지요

화약고처럼 불같은 사랑
오래 못 가는걸
살 만큼 산 그대도 알 겁니다

그저 있는 듯 없는 듯
바람처럼 꽃향기처럼
가슴으로 느끼는 그런 사랑

그대가 힘들고 지쳐
눈물로 보내는 세월

그 세월이 너무 안타까워
제 사랑을 조용히 드릴게요.

잔소리

싫지요
싫을 겁니다
하지만 사랑이 있기에
그대에게 하는 말입니다

그대도 속마음
아니라는 걸 알면서도
가슴으로 우는
그 마음 알아요

그대만 보면
내 마음이 아프듯
우린 아픔으로
살아가야 하는지

그댄
내 마음속 등대인데
언젠가 그 등불을 밝혀주시길….

조은주

정녕 그댑니까

눈꽃 흐르는 속삭임
꽃으로 피어나
눈물로 사라지는 겨울꽃

울다 울다 지쳐
죄 없이 흘려버린
눈물 흔적만 흘겨보는
정녕 그대 때문입니까

마지막 눈물마저
다 토해내면 그때부턴
당신이 눈물을 빌려줄는지

솔직히 고백합니다
그대 때문에 흘린 눈물도 많은데
세상살이가 갈수록 힘드니

편한 세상이 어디 있나요
그저 가슴속 어루만지며 살지만
정녕 그대 내 사랑입니까.

음성

그대 음성 듣고파
애태운 지난밤

얼마나 보고픔에 몸서리쳐
돌아누운 손에는 뜨거워진
핸드폰만 만지작거리다

어째 살 푼 잠든 사이
그대 영혼만 잡고
몸을 떨었지

미운 목소리 매일 듣다가
함구하는 그대는

무슨 말을 던지려고
이다지도 또 애를 태우는지를
묻고 싶으리….

조은주

댓잎 바람아

스치다 멈춘들
바람이 모르리까

소슬한 님의 향기
그리움에 사무쳐

스치는 나그네
님의 손길 놓았으니

댓잎 스치는 바람아
떠남은 만남이요
만남은 곧 떠나. 이런가

먼발치 멈춰버린
댓잎 한줌 바람도 숨죽여
서리처럼 잠드네.

기대고 싶은데

가녀린
내 어깨 파리한 사랑
님의 마음 깊은 곳에

때론 내 영혼을
아스라이 기대고
사랑한다고 말하고 싶어요

샤프란 향기처럼
진하지도 않은
그대만의 향기를 느끼며

이 겨울
님이라 부르고
사랑이라고 느끼며

고요한 겨울 강가
쉼을 찾는 나룻배처럼
그대 마음속에 기대고 싶어요.

조은주

이렇게 울어야 하나

울지 않으려고
울면 바보이기에
하지만 눈물은 예약이 없네

가슴속
흐르는 그리움은
모두가 세월의 뒤안길

불러도
그렇게 불러도
남은 건 쓰라린 추억뿐

한편의 詩를 쓰며
고뇌와 그리움과
흐르는 세월의 흔적이

눈물 되고
추억되는 잔잔한 잔상
오롯이 가슴으로
감당해야 하는 사랑….

어쩌다 그댈 사랑했을까

어쩌다가
어찌하다가
그댈 내 마음에 담았을까

별도 있고
바람도 있고
노을도 있는데

하필이면
가슴 태우는
그대 그리움을 사랑했을까

밤새 빙빙 도는
육신의 도리깨 질에
견디다 못해 서재 모서리에
턱 고이고 그리움에 잠긴 사랑

어쩌다가
그대 그리움을
몸부림치며 사랑했는지….

조은주

기다림은 그립네

긴 긴 기다림
눈물보다 더 힘든 기다림
차라리 그리워 나 할걸

하늘빛 그림자에
땅거미 힘없이 내려앉아
홀로 떠나는 저 철새는

기다리는 그리움도
보고픔도 있기나 한지

너는 그나마
훨훨 날기나 하지

난 눈멀고 귀먹어
그저 님 생각 恨 생각에
눈물부터 흐르니 어찌하리….

나그네 향기

묻힌들 없더이까
꿈틀댄들 살아 있더이까

인연법에 한 줌 바람 되고
이별 바람에 흐르는 눈물

그대 그리고 나
모두가 나그네인 것을
부인할 수 없는 눈물이니

아래께 왔던 무서리
뾰족한 서릿발 한 맺히고

불러도
뒤돌아보지 않는 그대
아련한 향기만 주고 가더이까.

조은주

아들아 아들아

하얀 그리움 곱게 핀
눈꽃 머금은 겨울이구나

가슴속에 언제나
그리움처럼 담고 있는
내 마음을 너는 알려나

속삭이는 날개 사이로
너를 품었던 게 엊그제 같은데

험한 세상 헤쳐나가는
너희가 참으로 대견스럽구나

아들아 아들아
가슴에 품은 꿈이 있다면
높이 날지 말고 천천히 날으렴….

그 오솔길

솔향기
넘나드는 길
그대와 함께 오고파

가슴속 깊이
간직한 그곳

여름 향기
붉은 가을 노을빛
하얀 눈꽃 사랑 흐르는

그 소롯길 사이로
그대가 내게 사랑한다
고백받고 싶은 마음속 여로

어렴풋이
떠 오른 그 오솔길에
고운 노을 가슴에 담고

서로가 간직하고픈
좁다란 그 길 사이로
그리움이 눈물 되었네.

조은주

가슴으로 쓴 편지

은행나무 아래
노란 잎새 벗 삼아
그대 보고픔에
가슴으로 쓰는 편지

노을 진 저녁
솔향기 돌담 사이로
추억하나 더듬다
그대에게 편지를 쓰네

가을 풀 향기
솔바람에 붉게 물들고

간절히 바라는
마음속 그리움 어루만지며
보고픔을 대신해
보내지 못한 편지를 쓰네

가을 가는 길목
어린 겨울이 낙엽을 보듬듯
그렇게 편지를 가슴으로 쓰네.

응어리 파도

응얼응얼
입가에 겨자 맴돌듯

알싸한 파도
그리고 부딪치는
너울 무리의 사라짐

응어리 파도는
그렇게 다가왔다
떠나는 이방인의 한숨

언덕 위 등 내민
묵은 갯바위의 깊은 사연
그 사연 속에 머무는 우리

우리는
그저 쉬었다 가는
미물의 나그네지만
응어리 파도는 영원하리….

조은주

3부. 이대로 사랑할 수밖에 없는 사람

그게 운명이라면
내 그리움을 조용히 드리리
마지막 남은 사랑까지도

이대로
사랑할 수밖에 없는
그대 그리운 사람이라면….

이대로 사랑할 수밖에 없는 사람 중

이대로 사랑할 수밖에 없는 사람

미워했다 하더라도
인연의 끝이 아니기에
그대를 사랑하더이다

운명이라는
서로의 굴레 속에
이대로 사랑할 수밖에 없는 사람

차라리
이별보다 인연의
손길로 서로를 위하는 사랑

그게 운명이라면
내 그리움을 조용히 드리리
마지막 남은 사랑까지도

이대로
사랑할 수밖에 없는
그대 그리운 사람이라면….

눈물의 화두

눈물은
참으로 묘합니다

태어날 때
흘리는 눈물은
기쁨의 눈물이고

생을 마감할 때
흘리는 눈물은
이별의 눈물이었네

기뻐서 흘린 눈물은 달고
슬퍼서 흘린 눈물은 시리고
울분의 눈물은
쓰디쓴 독입니다

눈물은
알 수 없는 수수께끼
그대가 흘린 눈물은
어떤 눈물인지….

조은주

가슴속 그리움

불러보지만
대답 없는 그대는
말 없는 꽃잎 이여라

하늘거리는
꽃잎처럼 그저 묵묵히
고개 떨구며
눈물비 기다리는

가슴속 그리움 되어
먼 산 먹구름 다가오기만
애절히 두 손 모아
바라기 하네

그대를
한없이 그리워하는
그 마음처럼….

아픔 줄이려면

님이여
내 맘속에
꽃이신 님이여

간혹 내게 주는 아픔
때론 못 견디게 힘들 때

님이
내게 아픔을
주시려거든 눈물도 함께
아니 그리움도 같이 주세요

그 아픔을 치유하려면
눈물과 그리움이 필요하던데

알고 보니
아픔을 치유하려면
그것밖에 없다는 걸 알았어요.

조은주

바다가 그리울 때

마음이 울적할 때
파도 이야기 깃든 바다
그곳엔 마음을 다스리는
포말의 잊힘이 있지요

잊어야 하는
그리움이 있다면
사라지는 포말처럼
파도가 되고 바람이 되어

울리는 뱃고동의 아련함처럼
우리는 그렇게 잊고 살아가지요

구름 먹은 하늘가며
갯바위에 온몸 부대끼며
살기 위해 몸부림치는 따개비처럼

삶에 나부끼는 낙엽 바람 되어
조용히 가고픈 그 바다가
그리워지리….

그냥 간직하세요

그냥
말없이 조용히
그대만이 간직하세요

세월 흘러
아름다운 추억이었다고
말해도 되니까요

그냥 간직하세요
나그네 노을빛 사이로
떠난 님 그리듯 그렇게

먼 훗날
그리움이 찾아오면
그 그리움 나였다 생각하세요

아름다운 옛일은
홀로 간직하는 것도
그렇게 나쁘지 않으니까

그냥 간직하세요
내 모습이 아니라
우리들의 사랑을….

조은주

뿌리친 그리움

너무 하지 않나요
언제까지 그대에게
굴레가 되어
몸부림쳐야 하는지

그렇게
고통과 몸부림을 주고
아직도 네게 할 말이 남았나요

이젠 뿌리치고 싶어요
그리움을 사랑한 게
제 잘못인 걸 알면서도

그대가 가까이 오면
뿌리치지 못한
내가 바보였나 봐요

이젠 그댈 놓아주렵니다
그리움이란 그대를….

상고대

서릿발
밤새 집을 지었네

내려앉다
내려앉다
시린 엉덩이 들어 올려
부양하니

앙상한 가지 끝에
매달린 잎새 하나
오그렸던 몸뚱어리
긴 한숨 토하네

아침 햇살은
눈부시게 빛을 발하고
곱게 가지 위에
소복이 내려앉은 상고대는

따스한 햇살에 밀려
저만치 가고 만다.

조은주

비 너를 만지다

얼룩진 창가
흘러내리는 빗방울
조용히 너를 만지다

홀로 흘린 눈물
비야 너의 영혼을 만지다
끝내 고개 떨군 그리움 하나

너를 만지면
내 가슴에 흐르는
말 없는 그리움은

그저 유리창에
흘러내리는
눈물의 흔적인가 봐요

이 밤
너를 가슴에 안고
조용히 한편의 詩를 쓰리….

구절초의 넋

어린 서리
밟으니 작은 신음만이
가을을 미동 치네

하루가 다르게
나뭇가지의 잎새는
초연히 떠나고
그 사이로 부는 가을바람은

새벽을 알리는
찬 샛별만이 홀로
님 기다리는 애잔함

가을은 님의 계절
님은 떠나도 내 가슴에
머무는 가련한 가을 여인

말없이
새벽 맞이하는 몸부림
구절초의 하루라기는
서리향 어루만지는
연둣빛 꽃이었나.

조은주

주고도 아련한 사랑

마음속 그리움 한 줌
바람이 스쳐 간 흔적
진심 어린 사랑
그렇게 다가오는 미로

마음 깊은 내면의
고이 간직한 내 그리움까지
모두 주고도
왠지 더 주고 싶은 사랑

주위를 두리번거려
더 줄 게 있는지 가슴속 흔들림
깊은 바람 같은 흔적 남김에

주고 또 주고 싶은 사랑은
내 그리움의 꽃잎 이리오.

마음만 주세요

그대가
내게 주신다는 언약
그 언약은 사랑이지요

때론 그리워 애태우고
때론 보고픔에 눈물짓는
그대의 마음을 알았어요

하지만
그대와 내가 함께
사랑하는 건 홀로였기에

가슴앓이 눈물 사랑
아픔도 함께 나누는
서로가 헤쳐나가야 하는 사랑

하지만 그대여
그대 깊은 마음
그 마음만 주세요.

조은주

봄 같은 여인

잔잔한 아지랑이
들길 넘나드는 그리움
눈물 감추지 못한 여인

짙은 향수보다
은은한 비누 향 같은
그런 여인이 되고 싶어요

가슴 깊이 새긴
꿈결같이 살고 싶은
연정 속에 그대만 바라보는

한 줌 바람도
꽃잎 속에 살포시 잠든
이름 모를 생명을 사랑하는
그런 여인이 되고 싶어요

한 편의 시를 쓰면서
누군가 그리워하며
보고픔 속에 살아가는
봄 같은 여인이 되고 싶어요.

눈을 떠보니

고요한 아침
그대 살포시 감싸 안은 사랑
따뜻한 등 허리 쓰다듬다

끝내 마음속 눈물 머금은 미련
봄비 몰래 와 촉촉한 대지의 머금처럼
눈을 떠 보니
님은 꽃이 되고 바람이 되었나이다

이별이라는 운명처럼
떠나는 그대 눈가엔
봄비가 내리고
영혼의 안달은 끝내 고개 떨군 사랑

쓰디쓴 커피잔에 떨군 미련은
가슴속 추억되어 흐느끼고
눈을 떠 보니 고운 그대 향기
입가에 머금으리….

조은주

나도 눈물 흘린 적 있었다

그대가 보고 싶어
때론 그대가 한없이 미워
어찌할지 몰라 눈물에게
하소연 한 적 있었지

눈물이 무슨 죄가 있냐마는
그래도 내 가슴속
흐르는 영혼이기에
그럴 수밖에 없었다네

하지만 세월이 지난 뒤
미안한 마음이 듭니다

나로 인해
너의 영혼을 흘리게 해서
살면서 눈물 흘리지 않으려
다짐하지만

때론 나도 모르게
흐르는 건 어쩔 수 없나 봅니다

님이여
그 마음 아시는지
세월이란 님이여….

노을 머금은 샛강

실낱같은 샘물
물의 무리 하나 되어
작은 시냇물 이루고

모여 모여
한줄기가 한 무리 되어
말없이 그려진 샛강

그 샛강에
노을이 노닐다
그리움 속으로
사라지는 저녁은

노을과 샛강과
그리움이 한데 어울려
산 넘어
깊은 사연 기다리리….

조은주

추억 속 그리움

누구나
추억과 그리움은 있지

때론
연민에 그리움을 포개고
그리움은 지나간 사랑에
눈물 흘리지요

살면서
아픔 없는 사람 어디 있나
하지만 그 멍울이
아름다운 추억이면
언제나 기쁘고 행복하지요

슬픈 지난 일은
누구나 다 쓸쓸하며
깊은 상처로
가슴 한켠에 남아있지

우리 살아가면서
슬픈 일은 잊음이 좋을 듯
그게 그대를 위한
깊은 그리움입니다.

그대 오시는 길

그대 붉은 옷
곱게 단장하고 오시는 길
고이 나래 편 내 그리움에
조용히 손길 주소서

오시는 길목에
마음 설렘 안달하는
아직 내 사랑은 그리움인지요

새벽 차디찬 바람에
그대 오실 줄 알고
난 기다림에 놓여 있으리

붉은 가을이여
여름옷 차곡히 정리하고
긴소매 곱게 단장하며
그대를 마중 가렵니다.

조은주

겨울 강

흐르다 멈춰버린
유리 빛 겨울 강
하얀 거울 살며시 비추면

그대 그리움처럼
내 가슴속 묻은 연정
추억은 수면 아래 잠들고

햇살 비친
님 모습에 내려앉은
미끄러지듯 스쳐 간 바람 한 줌

설한의 강은
그렇게 내 가슴속 묻은
고운 사랑의 여울목

은빛 윤슬도 멈춰지고
그리움까지도
조용히 겨울 강에 잠드네.

흙으로 돌아간 님

몸부림치다
끝내 몸부림치다
나뒹굴며 붉은 피 토한 님

마지막 남은
잎새까지 떨구어지면
바람이 몰고 어디론가 떠나

고통의 집시 되어
바스락거리는 마지막 몸부림
흙으로 돌아가는가 보다

흙에서 왔으니
흙으로 귀로 하는가 보다.

조은주

만나면 울 것 같아요

가슴속으로
간절히 보고파
밤새운 사랑앓이 열병

만나면
아무 말 없이
흐느낄 것만 같은데

그래도
그대를 만나고 싶기에
미리 눈물을 흘려봅니다

그대 앞에선
더 울 눈물마저도 없게
만나면 울 것 같아서요.

삭풍의 넋

겨울
한 서린 바람
차디찬 북쪽에서
남몰래 스쳐 가는 바람이여

한 맺힌 눈물
가슴에 아리며
두고 온 님의 마음
어디에 감추리까

더디고 더딘
눈물 바람이
삭풍에 감싸 안고
울며불며 떠나는 이방인처럼

그대가 흘린
아스라한 눈물은
삭풍 되어 떠나 누나.

조은주

너였기에

너였기에
너만을 위한
그 고귀한 사랑

돌아갈 곳
그곳도 뒤로한 채
그저 사랑으로 머문 그리움

살 헤집는 겨울 달
그 틈 사이로 불러보는 그대
밤바람 깊고 네온 꺼진 도롯길

잔잔히 흐르는 서리는
내 눈물 빛으로 얼룩지고
그저 멍하니 불러보는 그대

바로 너였기 때문
그리움 어루만지는
그대 잊지 못하는 사랑 때문….

비바람이 내게로

창틈 사이로
몰래 스며드는 비바람
눈물 머금고 다가오는 그 바람

창문 꼭 잡고
들어오지 말라 애원했지만
그래도 한사코 들어오는 얄미움

세상 살다 보면
내 뜻대로 안 될 때
그때는 마음을 내려놓는 여유

삶에 비바람처럼
언제나 좋은 날만 있으리까
차라리 창문 열고 맞이하리

서로가 마음 내려놓고
그러다 보면 그 비바람도
언젠가는 스쳐 지나가겠지

비바람이 내게로 오네요
그저 조용히 맞이하며
두 손 모아 기도하렵니다.

조은주

몸부림치는 꽃잎

잎아
저 꽃잎아
몸부림치다
끝내 떨구는 꽃 잎새

모진 풍파
오롯이 안고
멍든 가지 부여잡고

세월 속 흐르는
모진 고난 떠안고
홀로 가는 외기러기처럼

몸부림치다
몸부림치다
바람 따라 떠나는 꽃잎

잎아
떨구어진 잎아
가슴속에 묻어두고 가련다.

눈물방울 속 그대

지친 몸
밤새워 뒤척이다
끝내 잠든 이방인의 꿈

울다 지쳐
얼룩진 베개 낯에
흘린 그리움의 恨

함께 있어도
늘 그리운 그대는
내 영혼 속에 흐르는 동반

가슴속에 담고도
어딘가 모자란 애틋한 사랑
미워할 수 없는 서로의 운명은

바람 되고 눈물 되는
가슴속에 담고도 부족한
영원 속에 피는 꽃이리….

조은주

잊어야 할 고독

진정 마음속
그리움이 있었다면
그건 세월 속에 피는
그리움이지요

찬 바람 불면
싸릿문 고리에
밤새 내린 서리꽃 향기는

코끝에 울리는
보고픔이었는지

서리 밟으며
영마루 언덕에 서서
말라버린 노란 잎새는
젖은 몸 가눌 길 없어

처진 육신 웅크리다
이른 봄 햇살에 고개 든 삶

우리네도
그렇게 지쳐 있다
다시금 일어나는
눈물의 세월이련가.

그대 보이시나요

겨울 가는 길목
그 길목에 서성이다
다가오는 그대 겨울바람

민둥산 넘어
홀로 떠 있는 구름 한 점
그리워서 애태움 있고

겨울 아침 향기
국화차 향기에 잔잔히 흐르는
창가에 맺힌 서리꽃

그대 보이시나요
그대가 내게 주신 사랑
고이 간직하는 마음의 위안

한 줄 시어에
겨울 아침은 보고픔이 깊어
먼 산 바라보며 어루만지는 그리움

아침의 향기가
오늘따라 내 가슴에 스며들 때
그건 사랑의 보고픔이겠지요.

조은주

기쁨의 눈물은 달콤해요

그대 사랑
가슴 깊이 담아

하늘 아래 함께
숨결 나누는 인연으로
서로를 위로하며 사는 삶

그대가 주신
고귀한 사랑에 눈물인지

하늘가 하얀 꽃송이
내 곁에 흩날릴 때
진정 사랑의 깊이를 알았고

바람에 마른 잎새
휘몰이 되어 흩어질 때
그대 사랑의
소중함을 느끼네

이렇게
하얀 눈이 내리면
왜 그리도 그대가
사랑스러운지….

하얀 아침 향기

고드름
밤새 서리와 시름하다
끝내 갈 곳 없어 매달린 흔적

온 밤 뒤척이다
새벽 향기에 그리움 실눈 뜨고
하얀 새벽 향기 내게로 오네

보고픈 사람
그리워 몸부림치는 사람
모두 아침 향기 맞겠지

들꽃 차 한 잔에
잔잔히 들려오는 다정한 음성
동녘 그리움 더 깊네

이 아침
서로를 위해
행복과 사랑으로
하얀 아침을 맞으리.

조은주

4부. 흐린 가을날에

온종일 흐린 날
그래서 더 스산한 가을 갈무리
이미 벼는 발목까지 잘려나가고

이삭만이 흩어져
새떼들이 몰려와 먹이를 찾지만
콤바인으로 모조리 쓰러 간 흔적

흐린 가을날에 중

흐린 가을날에

멀리 보이는 산 능선엔
어제보다 더 붉은 잎새가
꼬리를 물고 다가오네요

온종일 흐린 날
그래서 더 스산한 가을 갈무리
이미 벼는 발목까지 잘려나가고

이삭만이 흩어져
새떼들이 몰려와 먹이를 찾지만
콤바인으로 모조리 쓰러 간 흔적

무심하지
인심도 한심이지
흐린 가을날은 더욱 좀 그래

배고픈 새떼들도
논두렁 사이로 걷는 나도
왠지 가을이 미워지네요.

어쩌란 말입니까

나보고
어찌하라고
어쩌란 말입니까

그대
세월이 내게 준 건
그저 나이 먹은 숫자

그대는
이 세상 영원하지만
우리는 그렇지 않지요

어쩔 수 없는
운명이라 받아들이지만
그래도 야속합니다

그대 세월이여
나보고 어쩌란 말입니까
육신은 서서히 늙어가는데.

조은주

철새들 사랑

우중충한 겨울 하늘
이름 모를 철새 날아와
수없이 맴도는 걸 보면

하얀 지면엔
무엇이 숨어 있길래
지칠 줄 모르고 찾는 걸까
알토란이 숨어있기나 하는지

대지는 온통
서리꽃으로 뒤덮여
길이 어딘지 가늠 못 해
아리송하기만 한데

창밖 애처로이 우는 갈까마귀
동무 찾아 하룻길 멀다 않고

밤이 하얗게 지새우도록
님의 꽁무니만 따라다니지만
암갈까마귀 쳐다보지도 않네.

걷다 보면

길을
걷다 보면

언젠가부터
두리번거리는
버릇이 생겼네

저만치서
그대가 날
주시할 것 같아

걸어온 길을
한 번 더 돌아보곤 해.

조은주

차라리 가지 말걸

가서는 안 될 길
힘겹게 걸어보지만
돌아오는 건 부메랑

불 보듯
알면서 잡은 손
지금에 와서야
꼭 깨문 입술

혼자
사막에 고립돼
헤매다 물속에 빠진 발
아무리 발버둥 쳐 보지만

바닥은
닿지도 않고
허공만 맴돌 뿐

밤새워 생각해도
해답은 없고 머릿속만
하얗게 채워지네.

이젠 알 것 같아

잡으려면 도망가고
놓아버리면 달라붙는
고약한 사랑병

떠나는 마지막 밤비
하염없이 지면에 떨어져
흐려있는 내 마음
때리고만 있는데

밤새워 청해 보지만
오라는 잠은 오질 않고
애매한 베갯잇만 비튼다

어김없이 창밖은
여명이 어둠을 가르고
간간이 이름 모를 새소리만
나의 창을 두드리네.

조은주

그럴 때도 있지요

때론
모든 게 내 맘대로
할 수 없는 것이 있데요

흔히들
마음먹기에
달렸다 하지만

마음대로 되지 않는 건
아마도 세월이 준
내 삶의 흔적 이리

그냥
마음 편히
이렇게 생각해요
그럴 때도 있겠지 하며….

마음만 주세요

그대가
내게 주신다는 언약
그 언약은 사랑이지요

때론 그리워 애태우고
때론 보고픔에 눈물짓는
그대의 마음을 알았어요

하지만
그대와 내가 함께
사랑하는 건 홀로였기에

가슴앓이 눈물 사랑
아픔도 함께 나누는
서로가 헤쳐나가야 하는 사랑

하지만 그대여
그대 깊은 마음
그 마음만 주세요.

조은주

흔들리는 겨울

말라버린 금국화
갈색 흔적이 다시금
설화 되어 피어났어요

밤바람에
말없이 흔들릴 때면
설화는 떠나고
갈색 잔상만 남아

별빛에 흐느끼다
끝내 쓰러지는 겨울밤
홀로 뒤척이는 애련

아침 되면 서리꽃 되고
볕 드는 오후면 다시금
갈색으로 변하는 금국화

겨울 저녁
그리움에 애타는 마음
그대 보고픔에 흔들리네.

길손·2

속절없는 가을
눈물 한 줌 남기고
말없이 떠나려 하네

그대 가는 길
내 향기 묻은
눈물의 손수건 드리오리

먼 길
떠나는 그대 마음
그 마음도 아시옵니까

우리네 모두가
인생의 길손인 것을
너무 섭섭지 마오

이별은
만남을 기약하고
만남은 이별을 낳는 것이리.

조은주

서리꽃의 혼

뒤란에
살며시 숨죽인 서리
그 틈 사이로 가을은 울고

내 가슴에
죽도록 사무치는 것은
그댈 사랑했다는 연정

서리꽃의 혼처럼
사각거리는
작은 아우성의 미로
떠남은 있지만 가슴에 품은 건

그대를
사랑했기 때문인지
그게 사랑이었다는 걸 알았을 땐

그댄
가을 노을빛으로 물든
그리움이었으리.

시월의 바람

새벽바람
그 새벽 시월의 바람은
왜 그리도 시린지

눈 감고
지난여름 나기에
몸부림쳤던 기억은
아스라이 멀어져 가고

붉은 겉옷만 감싸 안은
창가에 앉아

시월의 아침을
슬그머니 어루만지며
하루를 열어 봅니다.

조은주

세월이 나에게

세월이 나에게
다정히 말하고 싶어 해요
무슨 말인지 알 순 없지만

외면하며
그저 관심 밖에 두고
살아오다 보니

어느 날 문득
지나간 세월이 생각나
찾아보았더니

그 세월이 바로
나와 함께 있더군요

거울에 비친 잔주름
귀 옆 흰머리
조금 멀리 가도 숨이 찬 육신

미안하다 세월아….

비와 님의 흔적

내리는 빗방울 타고
그대 창가에
흘러내리고 싶으리

혹여 흐르는 빗줄기에
아련한 눈빛 건넬지

그대 손길로
내 빗물 만져 나 줄는지

떨어지는 빗소리
귓전 울리고

님의 흔적 놓칠세라
가슴에 한 번 더
보듬어 안아 보려네….

조은주

국화향기 머금고

이 가을 그대에게
국화꽃이 되고 싶어요

가을바람에
조용히 흔들리는
아련한 마음으로

그리 진하지 않게
바람에 실려 온
마음의 향기 머금듯

돌담길 사이로 피어난
잔잔한 느낌으로

그댄 그저 말없이
국화향 내 사랑을
받아나 주오

이 가을 다 가기 전
국화 향기처럼
조용히 님을 사랑할래요.

어쩌리오

온 천지를
뒤덮어 버렸던
붉은 잎새들

절기에 쫓겨
바스락거림만이 이울지고

청량했던 맑은 하늘은
어느결에 시나브로
희뿌연 색채만 하늘 메우네

화려했던 수채화는
아쉬움만 남긴 채
다시 오마 기약하는데

어쩌리오
잡지 못하는 나
잘 가거라 이듬해
그대를 다시 보려네….

조은주

겨울 향기

코끝에 다가오는
서리꽃 향기
앙상한 가지에
상고대의 한 두르고

이별이라는 가을
저 멀리 둔 채
눈꽃 송이 한 줌에
그리움 담고 떠나는 이방인

겨울 향기는
내 곁에서 한동안 머물며
그리움의 굴레를 어루만지겠지

이 겨울
그대는 함께 있어도
늘 그리움으로 다가오는 사랑

겨울꽃은
햇살에 떠나겠지만
그대 그리움은 영원히 남으리….

있기에

그대 있기에
그대 내 곁에
다가오기에

더욱
고마운 사랑

차디찬
겨울 자락에
홀로 눈물 흘렸던

그리움의 향기는
가슴속 흐르는 눈물
애련의 노래였으매

그대 있으므로
흐르는 세월
주옥같은 사랑 안고

삶의 길라잡이 되는
그대 님이여….

조은주

눈물의 뒤안길

아무리
그립고 간절해도
건너지 못할 강이라면
애당초
가지 말아야 하거늘

어찌하다 보니
있을 수 없는
눈물의 강이 되었네

밤새
뇌리 스치는 외침은
물거품이 되어도
골이 더 패이기 전 잊으리

흘리는 눈물이
내 눈을 짓무르게 할지라도
그 아픔 다 가져가리오

마음 아파하는 건
이젠 거두리
그대를 사랑하기에….

텃밭을 지나며

좁다란 소롯길
그 틈 사이로
서로의 마음 하나 되어
눈빛으로 말하는 한낮

작은 벤치
그대 손길 마음에 품고
솔 바람맞으며 거닐던 길

그게 사랑이었다는 말
가슴으로 느끼는 하나 됨
어쩌리오

그렇게 마음속
어루만지는 고결한 사랑
뜨거운 태양 등허리 적셔도

마냥 행복한
둘만이 가는 길
그게 사랑이었으리
끝없는 사랑이었으리….

조은주

아침에 찾아온 낙엽

서리 낀 창가
쓰다듬은 손엔
흔적보다 시린 그리움

창문 넘어
몰래 찾아온 낙엽의 흔적
뒹굴다 뒹굴다
끝내 지친 몸
누울 곳 여기였던가

바람이 몰고 왔겠지
그리움 찾아왔겠지
님 그리워 애가 타 왔는지

붉은 향기 서리 결에
뾰족한 영혼의 돋음 피어나
끝내 말없이 사라지는 그댄

몰래 찾아온 잎새의
말 못 할 눈물의 흔적 이런가
이 아침 그리움은
아직도 식지 않았는데….

마지막 잎새가 남으면

그대 그리움
마음에 속병 되고
보고픔이 너무 깊어
눈물로 지새우는 밤

마지막
잎새가 떨어지기 전
내게로 오시려는지

그리움의 가을은
가슴속 깊이 파고들어
애달픈 마음 어쩌면 좋으리

그대가 부르던
애잔한 가을 노래는
국화꽃의 영혼처럼
깊어만 가네.

조은주

바람꽃

그대는 바람꽃
고운 향기 내게 주신
잊지 못할 그 꽃

그대 뒷모습에
살며시 감싼 바람
그 바람에 흩날리는

우린 그저
먼발치 바라만 보는
애잔한 그리움

진정 그대는
내 마음속
잔잔히 피어난
바람꽃 이런가.

별을 머금은 가을

별은 떨구어져
가을을 머금고

차가운 서리 사이로
아침 햇살은
내 창가를 두드리는데

그리움에 헤매는
그대 진정
별을 머금은 가을이던가

밤새 뒤척이다
내 안에 꿈틀거리는
안달의 가을 시는 그리움 머금고

밤새 울던
두견새의 넋처럼
별이 가을 사랑 어루만지듯

시름에 잠긴 내 사랑
토닥여 나 주려마.

조은주

애랑의 끝자락

사브작
사브작
시나브로 흐른 미풍

영마루 언덕
희나리 한숨
애랑*의 끝자락엔

해국의
두툼한 잎새에
감국의 누런 꽃 등리

오체 공양하듯
소슬바람은

내 마음속에
사브작 거린다.

*애랑: 치열한 사랑

붉은 그리움

동네 놀이터
바람이 잔잔한 벤치
서서히 나뭇잎은 붉게 물들고

갈색 잎새는 떨구어져
바람에 몸 맡기는 계절

내 가슴에 남은
붉은 그리움
마지막 잎새가 떨어지면
내 그리움도 떠나려는지

노을이 붉게 서산을 넘는데
아직 남은 사랑은 가슴에 맴도네

붉은 그리움을
가슴에 담고 사는데
이 가을
눈물겹도록 그대 그리워하리….

조은주

낙화여

향기 주며
마음 설레게 해놓고
말없이 떨구어진 그대여

꽃봉오리 감싸 안은지
얼마나 되었다고
서리 머금고 떠나더냐

그렇게 곱던 그대
말없이 떠난 자리엔
흑갈색 눈물 떨구어 놓고

바람 따라가버린
야속한 꽃잎이여
그대 향기 가슴에 담아 보지만

언제까지
그맬 생각할지
바람에게 물어보렴
가엾은 낙화여….

첫눈·1

하얀 어린 눈물
좁쌀만 한 하얀 첫눈

떨어지며 눈물로 변할 걸
차라리 내리지나 말지

중년의 허연 머리 위
물빛으로 내려앉아
세월 흐름 함께 가자고 하느뇨

가슴속에 품은 기나긴 세월
얼마나 첫눈을 맞이해야 하는지

앙상한 가지 눈물 떨구는
동네 놀이터에서 첫눈을 맞으며

내 그리움도
흩날리는 집시 되고
그대 보고픔은 눈물 되어 떨구네.

조은주

붉으면 다 더이까

이 한 몸 붉다고
이 영혼 흔들린다고
누가 나를 미워하리오

떠나는 유성도
잊혀진 세월도
모두가
물빛 여울처럼 스치는 것

내 영혼
붉으면 다더이까
내 육신 홀로 바람에
떨구면 다더이까

나는 나이고
바람 그대는 그대인 것을
바람과 붉은 잎새는
어느 곳에 멈추어도 흘러간 세월

그대 떠난 자리엔
작은 티눈의 끝자락만이
이 가을 좁쌀처럼
흔적만 남기리….

춤추는 눈아

벌건 대낮
와인잔에 흐르는
그리움 안고 춤을 추네

그대는 나에게
나는 그대에게
영혼까지 송두리째 맡기고

그대 흩날리는
목덜미 껴안고
하늘 춤을 추네요

하얀 그대
우리 밤이 올 때까지
그대와 한 몸 되어 춤을 추려네.

조은주

창작동네 시인선 151

그대 뒷모습은 항상 그립다

인　쇄 : 초판인쇄 2022년 08월25일
지은이 : 조은주
펴낸이 : 윤기영
편집장 : 정설연
디자인 : 정설연
펴낸곳 : 노트북 출판사
등　록 : 제 305-2012-000048호
본　사 : 서울시 동대문구 사가정로 256-4호 나동B101
전　화 : 070-8887-8233 팩시밀리 02-844-5756
H　P : 010-8263-8233
이메일 : hdpoem55@hanmail.net
판　형 : 신한국판형 P128_130-210

2022.08_그대 뒷모습은 항상 그립다_조은주 두 번째 시집

정　가 : 10.000원

ISBN : 979-11-88856-51-0-03810

*저자와의 협의로 인지는 생략합니다.
*잘못된 책은 교환해 드립니다.